AF461398

TRAITÉ

DES

MONNAIES D'OR

AU JAPON

TRADUIT POUR LA PREMIÈRE FOIS DU JAPONAIS

PAR

FRANÇOIS SARAZIN

ÉLÈVE BREVETÉ DE L'ÉCOLE SPÉCIALE DES LANGUES ORIENTALES,
MEMBRE DE LA SOCIÉTÉ DES ÉTUDES JAPONAISES,
DE LA SOCIÉTÉ D'ETHNOGRAPHIE, DE LA SOCIÉTÉ DE PHILOLOGIE
ET DU CONGRÈS DES ORIENTALISTES DE PARIS
ET DE LONDRES.

PARIS
LIBRAIRIE DE Mme VEUVE BOUCHARD-HUZARD
RUE DE L'ÉPERON, 5
ET CHEZ L'AUTEUR, RUE DE MONCEAU, 10

—

1874

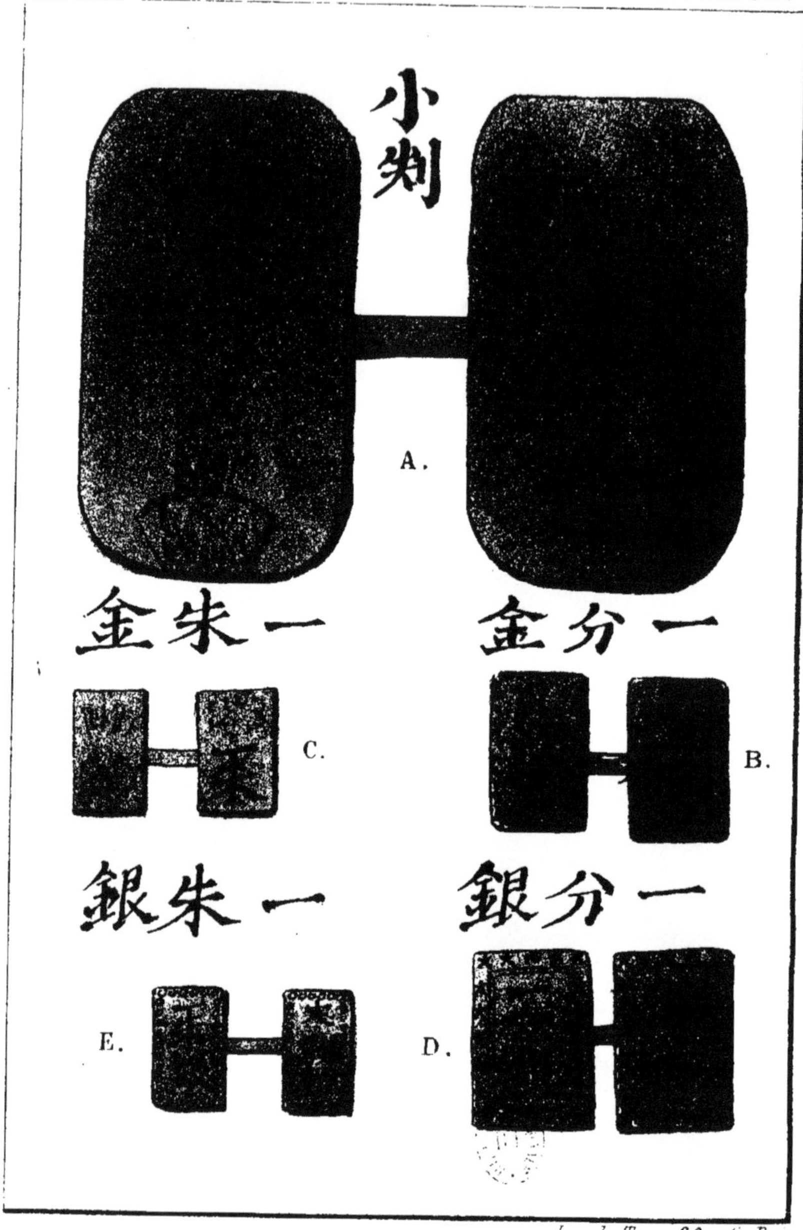

Imp. des Ternes, G. Quantin, Paris

MONNAIES JAPONAISES

A._Ko-ban._B._Iţi-bu d'or._C._Is-syu ban d'or._
D._Iţu-bu d'argent._E._Is-syu d'argent.

金譜

TRAITÉ

DES

MONNAIES D'OR

AU JAPON

TRADUIT POUR LA PREMIÈRE FOIS DU JAPONAIS

PAR

FRANÇOIS SARAZIN

ANCIEN ÉLÈVE DE L'ÉCOLE SPÉCIALE DES LANGUES ORIENTALES,
MEMBRE DE LA SOCIÉTÉ DES ÉTUDES JAPONAISES,
DE LA SOCIÉTÉ D'ETHNOGRAPHIE ET DE LA SOCIÉTÉ DE PHILOLOGIE.

694

PARIS

LIBRAIRIE DE Mme Ve BOUCHARD-HUZARD

RUE DE L'ÉPERON, 5

ET CHEZ L'AUTEUR, RUE DE MONCEAUX, 10

—

1874

Extrait n° 2
du Compte rendu du *Congrès international des Orientalistes*,
1re Session, Paris, 1873.

M. ALPHONSE FRANÇOIS

CONSEILLER D'ÉTAT

EN SERVICE EXTRAORDINAIRE

OFFICIER DE LA LÉGION D'HONNEUR

etc., etc., etc.

Hommage de respect
et de reconnaissance.

F. S.

DES

ANCIENNES MONNAIES D'OR
AU JAPON

TRADUIT DU JAPONAIS [1] PAR FRANÇOIS SARAZIN.

INTRODUCTION DU TRADUCTEUR

Il s'agit ici des monnaies anciennes dont il ne reste plus même, au Japon, que quelques rares échantillons chez les collectionneurs, à la suite d'une refonte générale décrétée, l'année dernière, par le gouvernement japonais, qui s'est empressé d'adopter le système monétaire européen [2]. Néanmoins les pièces dont il est ici question présenteront encore un certain intérêt pour la numismatique.

Les premières mines d'or furent découvertes, au Japon, en 701 de notre ère, 27 ans après la découverte de l'argent et 7 ans avant celle du cuivre [3]. Cependant l'auteur de ce texte,

---

[1] Composé par M. Fuku-yen, en 1854; 1 vol. in-8, pl.

[2] Voyez les articles intitulés : Refonte des monnaies japonaises dans le *Journal officiel* du 28 mai 1872 et : Monnayage de l'hôtel monétaire du Japon dans celui du 1er mai 1873.

[3] Voyez pour plus de détails les annotations de Klaproth dans la traduction des *Annales des empereurs du Japon*, de Titsingh, publiée en 1834, pages 58, 63 et 72.

M. *Fukŭ-yen*, ne dit pas qu'on ait fondu des pièces d'or avant l'époque de *Ten-sei* (1573). Les pièces nommées *Tei-gin*, mentionnées à l'époque de *Ten-kei* (938), paraissent, d'après lui, n'avoir été que des pièces d'argent.

Les dictionnaires ne donnant pas l'équivalence des poids japonais, j'avais trouvé dans un ouvrage spécial que le *mon-me* valait 1 gramme 75 centigrammes, et cette indication s'était encore trouvée confirmée dans les principaux ouvrages sur la matière dont je dois la communication à l'obligeance de M. J. Desmarest, bibliothécaire à la Chambre de commerce de Paris. Cependant, au moment de mettre sous presse, M. Imamura Wa-rau, le savant répétiteur du cours de japonais à l'École spéciale des langues orientales, me montre un ouvrage récent publié par son gouvernement, sur les nouvelles monnaies japonaises, intitulé : *Sin kwa žyō rei*, où il est dit que le *mon-me* vaut 3 grammes 756 milligrammes 37539, et où la valeur du gramme est représentée par 0 *mon-me* 266214075. Le *fun*, le *rin* et le *mo* sont le premier 10 fois, le second 100 fois, et le troisième 1000 fois plus petits que le *mon-me*.

L'importance de ce document original et l'autorité de M. Imamura ne permettent pas le doute sur ces chiffres, qui doivent être considérés comme les seuls exacts. M. Imamura a traduit cet ouvrage qu'il publiera dans les *Mémoires* de la Société des Études japonaises.

金譜

TRAITÉ

DES

MONNAIES D'OR (ANCIENNES)[1]

AU JAPON

On commença à fabriquer les *oho-ban*[2] et les *ko-bań*[3] d'or à l'époque de *Ten-sei* (de 1573 à 1591 de notre ère). En 1596[4], on

[1] Qui ont eu cours de 1573 à 1872.

[2] Grande monnaie d'or qui vaut ordinairement 20 *ryau* (voyez la Notice ajoutée par M. de Labarthe au *Guide de la Conversation japonaise* de M. de Rosny, page 54).

[3] Monnaie en or de 4 *bu* qui avait à peu près une valeur de 50 à 60 francs; il s'agit ici de l'ancien *ko-ban* (voyez De Labarthe, *Loc. cit.*).

[4] Le texte porte : la 4e année du *nen-gau Bun-roku* ou la 32e année du cycle 71 (*ki no to hitũzi*), c'est-à-dire 32 ans après 1564.

commença à fondre[1] des ko-ban dans la province de Musasi[2]. Pour la première fois, en 1602[3], après l'unification du Japon[4], le modèle des *Tei-gin*[5] fut fixé pour les grandes et petites pièces de monnaie[6] ; dès lors on attacha une grande importance à ce modèle qui ne variait jamais[7]; c'est qu'à l'époque *Ten-kei* (938 à 946 de J. C.) on en avait fabriqué partout pour l'usage général, bien qu'elles fussent de formes différentes.

Je pense qu'à l'origine on a dû essayer différents types en commençant par mettre en circulation les grandes et petites pièces de monnaie qu'on voit ici, et, comme celles-ci n'ont pas été abandonnées, je vais parler des unes et des autres en même temps[8].

Oho-ban d'or de l'époque *Ten-sei* (1573 à 1591). Poids

---

[1] Le texte porte *ţŭkuri* « fabriquer » ou « faire » ; le mot propre pour la fabrication actuelle serait *frapper*, comme en Europe, mais à cette époque les Japonais fondaient leurs monnaies.

[2] L'une des quinze provinces qui composent le cercle de *Tô-kai-dau*, celle où se trouve Yédo.

[3] Le texte porte : la 6e année de nen-gau *kei-ţyau* (1596 à 1614 de notre ère).

[4] Le dictionnaire de Gochkévitch donne pour *ittô* : « ayant une liaison générale entre soi, une liaison ensemble », d'où précédé de *tai* « grand » cela signifie « la grande liaison », c'est-à-dire l'unification qui résulta de la centralisation de tous les pouvoirs dans les mains du *Tai-kun*. Voyez page 405 et suivantes de l'ouvrage cité à la note 4 de l'introduction.

[5] Petits lingots d'argent de la forme des bâtons d'encre de Chine.

[6] Litt. *des grands et des petits morceaux de ryau.* D'après Gochkévitch, le *ryau* contient 4 *siu* 銖, et le *siu* égale 4 *mon-me* ou un 1/2 *fun* 分.

[7] Le texte porte : « enfin ce modèle, ne changeant pas pendant dix mille générations, fut comme un trésor » (Hepburn, p. 70 : *ban-daï fu-yeki* : never changing).

[8] Le texte dit : « je les mets toutes ensemble ».

44 *mon-me* (165 gr. 280 mill.) (PLANCHE IX et suiv., fig. 1).

Go-tô dit qu'on a écrit dans le (livre appelé) *Sin-syo* (livre qui traite des monnaies) sur les *oho-ban* de dix *ryau*, mais ce n'est pas dix *ryau* d'argent, c'est dix *ryau* d'or. On dit *ryau* d'or parce qu'autrefois une pièce d'argent valait un *ryau* d'or, en sorte qu'on considérait dix pièces d'argent comme dix *ryau* d'or. Une pièce de *oho-ban* vaut généralement 420 *me* d'argent ; à part cette valeur de 420 *me*, le taux du change varie souvent.

On voit, dans le *Ko-bun-syo* (Livre de l'antiquité), qu'à l'époque *Ten-sei* (1573 à 1591) la quantité d'argent susceptible d'être changée en *ryô* d'or était de 420 *mé*.

Go-tô dit, dans le *Sin-syo*, que son ancêtre, à l'époque du prince *Nobu-naga* [1], avait déterminé la valeur du *oho-ban*. De là il semblerait que les premiers *oho-ban* eussent dû paraître, pour la première fois, à cette époque.

Oho-ban d'or long, de l'époque *Ten-sei* (1573 à 1591). Poids 44 *mon-me* (165 gr. 280 mill.) (fig. 2). Or d'un titre extra-supérieur.

On fit usage de ces pièces de *Ten-sei* à *Kei-ţyau* (1573 à 1614).

Oho-ban d'or de Taïkau [2]. Poids 38 *mon-me* 2 *fun* (142 gr. 742 mill.) (fig. 3).

On rapporte qu'on fondit cette monnaie entre *Ten-sei* et *Bun-rok* (1573 à 1595) avec la griffe du fondeur sur la face et au revers, de même que tous les *ko-ban* portent le cachet du fondeur *Miţŭţŭgu;* cependant je ne l'affirmerai pas. En dehors de cela, tous les *oho-ban* ont le cachet de *Haţi-moto*, qui

---

[1] Gouverneur de la province de *Mino*, qui se suicida, à Miyako, en 1582, à l'âge de 49 ans, après avoir mis le feu au temple de *Fu-o-si*, sa demeure investie par le prince de Hiuga qui s'était révolté. Voyez pages 386 à 396 de l'ouvrage cité note [2] de l'introduction.

[2] Célèbre général japonais qui institua le taïkounat; son successeur fut le premier revêtu de cette dignité.

était le fondeur de *Tai-kau*, suivant le *Sei-an-zŭi-iţŭ*, que toutefois je n'ai pas lu.

Yen-bu-ban, ronds d'or de *Tai-kau*. Poids 1 *mon-me* 2 *fun* (4 gr. 507 mill.). Or d'un titre supérieur (fig. 4).

Les mêmes que ci-dessus : 1 *bu* d'or. Le poids de chacune de ces trois pièces est de 1 *mon-me* 2 *fun* (4 gr. 507 mill.), titre supérieur (fig. 5, 6, 7).

On appelle autrement cette monnaie : *iţi-bu* de *Oho-saka*.

On dit, dans le *Hau-ka-zi-ryakŭ* (Traité des monnaies), qu'en 1599[1] on a fondu, pour la première fois, une pièce de *iţi-bu* (*iţi-bu-ban*) ou une autre à peu près semblable ; mais, dans l'incertitude où je me trouve à cet égard, je réserve cette question.

Iţi-bu et *ko-ban* d'or de *Tai-kau*. Poids 1 *mon-me* 2 *fun* (4 gr. 507 mill.). Or d'un titre supérieur (fig. 8).

On dit, dans le *Sei-an-zŭi-iţŭ*, que le *hana ko-ban* (petite pièce à fleurs) est divisé en quatre ryau d'or, peut-être dans le genre de celle-ci (fig. 8).

Ni-bu et *ko-ban* d'or comme ci-dessus. Poids 2 *mon-me* 4 *fun* 5 *rin* (9 gr. 203 mill.). Or d'un titre supérieur avec des marques (sinuosités, coups de marteau) (fig. 9).

Longs *ko-ban* d'or semblables aux précédents. Poids 2 *mon-me* 4 *fun* 5 *rin* (9 gr. 203 mill.). Or d'un titre supérieur (fig. 10, 11).

Iţi-ryau et *ko-ban* d'or de *Tai-kau*. Poids 4 *mon-me* 8 *fun* (18 gr. 030 mill.). Or d'un titre supérieur (fig. 12).

On disait autrefois qu'il y avait, en 1596, différentes formes de *ko-ban* de cet or, et que l'on en fondit une, peut-être celle-ci (la pièce qui précède) en 1588, puis en 1595 on mit sur les pièces de *Musasi* la marque de *Miţŭţŭgu*. On dit qu'en 1600

[1] C'est-à-dire la 4e année du nen-gau *kei-ţyau*.

on a changé cette marque, mais c'est plutôt après 1600.

Ko-ban d'or de *Tadima*[1] de Taikau. Poids 3 *mon-me* 7 *fun* 5 *rin* (14 gr. 086 mill.). Or d'un titre moyen (fig. 13).

Ko-ban d'or semblable au précédent (fig. 14).

Ces pièces ont probablement été imitées des *ko-ban* de Tadzima.

Pièces réduites à fleurs en or de *Tai-kau.* Poids 3 *fun* (1 gr. 126 mill.) (fig. 15).

Ces pièces sont très-minces et ne méritent pas qu'on s'y arrête. Je les laisse donc pour le moment.

Même or que ci-dessus à l'usage de l'armée. Poids 6 *fun* (2 gr. 253 mill.) (fig. 16).

On doit avoir fondu de ces pièces pendant la guerre de Corée depuis 1 *mon-me* (3 gr. 756 mill.) jusqu'à 10 *mon-me* (37 gr. 563 mill.). Néanmoins je n'en suis pas encore bien certain.

Ko-ban d'or de *Ten-sei* (1573 à 1591). Poids 4 *mon-me* 2 *fun* 5 *rin* (15 gr. 964 mill.). Or d'un titre supérieur (fig. 17).

Les anciennes monnaies d'or appelées *sei-tokŭ-sin-kin* ont été refondues en celles qui précèdent et frappées d'une bordure pointillée ; ensuite on y a ajouté le caractère ten-seï (1573). En examinant cette pièce en détail, je m'aperçois que les marques de *Ten-sei*, *Iṭi-ryau* et *Miṭŭṭŭgu* ne sont pas du tout conformes (à celles des autres pièces). En outre, le caractère de *Ten-sei* se trouve frappé sur les sinuosités (contrairement à l'usage). Ces pièces n'ont pas été frappées au moment de la fabrication. L'or est d'une belle couleur, toutefois ce n'est pas la couleur des anciennes pièces. On disait qu'elles pesaient 4 *mon-me* 1 *fun* 5 *rin*, mais rien ne le prouve.

Ko-ban de l'est de Mousasi[2]. Poids 4 *mon-me* 8 *fun*

---

[1] Nom de l'une des huit provinces du cercle de *San-in-dau.*

[2] C'est-à-dire *ko-ban* de Yédo qui est situé à l'est de la province de *Musasi* dans le cercle de *To-kai-dau*. On emploie souvent l'expression *To-kyau* (la capitale de l'Est) pour désigner Yédo.

(18 gr. 030 mill.) (fig. 18). Or d'un titre supérieur.

Ko-ban d'or semblable au précédent. Poids 4 *mon-me* 8 *fun* (faible) (18 gr. 030 mill.). Les sinuosités de la surface sont à peine apparentes (fig. 19).

Ces pièces ont été fondues à Yédo, pour la première fois, à l'époque de *bun-rokŭ* (1592 à 1595) et à *Sŭruga* [1], la 5e année de *Kei-ţyau* (1600). L'intérieur de la marque frappée a été noirci à l'encre.

Ko-ban d'or de Suruga. Poids 4 *mon-me* 2 *fun* 5 *rin* (15 gr. 964 mill.) (fig. 20).

Autrefois on appelait ces pièces *kyau-me iţi-ryau*, aujourd'hui on les appelle surtout *Sŭruga-ko-ban* (*ko-ban* de *Sŭruga*) ; les deux caractères de *Sŭruga* sont à droite de la pièce. On disait qu'on en avait fabriqué à *Yedo* et à *Sŭruga* en 1595 (la 4e année de Bun-rokŭ) ; cela peut bien être.

Ko-ban d'or de l'époque Toku-syô. Poids 4 *mon-me* 8 *fun* (18 gr. 030 mill.) (fig. 21).

Long *ko-ban* d'or de l'époque *kei-ţyau* (1596-1604). Poids 4 *mon-me* (18 gr. 030 mill.) (fig. 22).

Oho-ban d'or de l'époque *kei-ţyau* (1596-1614). Poids 44 *mon-me* 2 *fun* (166 gr. 031 mill.). Or d'un titre extra-supérieur (fig. 23).

Pour la première fois, au mois de mai de l'année 1601 (le 5e mois de la 6e année de *kei-ţyau*), on adopta un système uniforme pour l'or et l'argent d'après le modèle qui précède.

Sasa-ban d'or de *keï-ţyau* (1596-1614). Poids 44 *mon-me* 2 *fun* (166 gr. 031 mill.) (fig. 24).

Za ko-ban d'or de Yédo de *kei-ţyau* (1596-1614). Poids 4 *mon-me* 8 *fun* (18 gr. 030 mill.) (fig. 25).

---

[1] Dans la province de ce nom, à 150 kilomètres de Yédo.

Za ko-ban en or de la capitale semblable au précédent. Poids 4 *mon-me* 8 *fun* (18 gr. 030 mill.) (fig. 26).

Za ko-ban d'or de *Sŭruga* de l'époque *kei-ṭyau* (1596-1614). Poids 4 *mon-me* 8 *fun* (18 gr. 030 mill.) (fig. 27).

Le même que ci-dessus (fig. 28).

Ces pièces ne diffèrent des précédentes que par leurs sinuosités très-nombreuses.

Ryau tô ko-ban d'or de la même époque. Poids 4 *mon-me* 8 *fun* (18 gr. 030 mill.) (fig. 29).

Iṭi-bu ban d'or de la même époque. Poids 1 *mon-me* 2 *fun* (4 gr. 507 mill.) (fig. 30, 31, 32).

Za iṭi bu ban d'or de *Sŭruga* de la même époque. Poids 1 *mon-me* 2 *fun* (4 gr. 507 mill.) (fig. 33, 34).

Kata hon zi iṭi bu ban d'or de *kei-ṭyau* (1596-1614). Poids 1 *mon-me* 2 *fun* (4 gr. 507 mill.) (fig. 35, 36, 37).

Ryau hon zi iṭi bu ban d'or de la même époque. Poids 1 *mon-me* 2 *fun* (4 gr. 507 mill.) (fig. 38, 39).

On appelle ces pièces *tan-ḍyakŭ iṭi bu* et vulgairement *ko ṭubu*. Dans la région montagneuse (*Kami kata*) on appelait *ko-ṭubu* le *mame-ita-gin* et l'on appelait *bu ban* ces pièces dont les bords sont garnis de petites étoiles (pointillés) connues sous le nom vulgaire de *ko maṭi iṭi-bu* (le *iṭi-bou* qui a beaucoup d'enfants).

Il y en a encore une sorte à double bordure pointillée qu'on appelle vulgairement *gakŭ iṭi-bu*.

Oho-ban d'or de *ken-rokŭ* (1688-1703).Poids 44 *mon-me* 2 *fun* (166 gr. 031 mill.) (fig. 40).

On fondit cette pièce le 10e jour du 9e mois de la 8e année de *ken-rokŭ* (le 10 septembre 1685). Après le 1er jour du 12e mois de la 10e année de *kyau-hau* (1716-1735), c'est-à-dire après le 1er décembre 1725, on l'a retirée de la circulation.

Za ko ban de Yédo de la même époque. Poids 4 *mon-me* 8 *fun* (18 gr. 030 mill.) (fig. 41).

Za ko ban d'or de la capitale semblable au précédent. Poids 4 *mon-me* 8 *fun* (18 gr. 030 mill.) (fig. 42).

Iṭi bu ban d'or de la même époque. Poids 1 *mon-me* 2 *fun* (4 gr. 507 mill.) (fig. 43, 44, 45).

On fondit ces *ko-ban* et *bu-ban* dans la 8e année de ken-rok (1695), puis dans la 3e année de *kyau-hau* (1718) elles furent retirées de la circulation.

Ni-syu ban d'or de *ken-rokŭ* (1688-1703). Poids 6 *fun* (2 gr. 253 mill.) (fig. 46, 47).

On a fondu ces nouvelles pièces de monnaie le 30e jour du 6e mois de la 10e année de *ken-rokŭ* (le 30 juin 1697), puis on les a retirées de la circulation après le 4e mois de la 7e année de *hô-yei* (après avril 1710).

Ko-ban d'or de *hau-yei* (1704-1710). Poids 2 *mon-me* 5 *fun* (9 gr. 390 mill.) (fig. 48, 49).

Le 15e jour du 4e mois de la 7e année de *hau-yei* (le 15 avril 1710), on changea le caractère *gen* pour mettre le titre des anciennes monnaies et l'on fondit des petits modèles de *ko ban* et de *iṭi-bu ban* qui furent marqués du caractère *gen*. On les appelle *gen-ḍi-kin* (monnaies du caractère *gen*).

Ces pièces ont été retirées de la circulation la 5e année de *kyau-hau* (en 1720).

Iṭi-bu d'or de la même époque. Poids 6 *fun* 2 *rin* 5 *mo* (2 gr. 330 mill.) (fig. 50, 51, 52, 53).

Différentes sortes de *iṭi-bu* d'or de *hau-yei* (1704-1710). Poids 6 *fun* 2 *rin* 5 *mo* (2 gr. 330 mill.) (fig. 54).

On a fait de cette pièce un *ken-zi-kin* en y ajoutant le caractère *ken* qu'on a frappé dessus.

Ko-ban d'or de *sei-tokŭ* (1711-1715). Poids 4 *mon-me* 8 *fun* (18 gr. 030 mill.) (fig. 55).

Le 15e jour du 5e mois de la 4e année de *sei-tokŭ* (15 mai 1711), on fit un alliage d'or et un alliage d'argent comme à l'époque de *kei-ṭyau* (1596-1614), en mettant le même titre d'or qu'à cette époque sans ajouter de marque particulière. On appelait autrefois ces pièces *sei-tokŭ sin-kin*, elles s'appellent maintenant *ko-kin*.

Sa-zi ko-ban d'or de la même époque. Poids 4 *mon-me* 8 *fun* (18 gr. 030 mill.) (fig. 56).

On dit que cette pièce qui porte le caractère *sa* a été fondue à *Sado*.

Sa-zi ko-ban d'or de *sei-tokŭ* (1711-1715). Même poids que le précédent (fig. 57).

Iți-bu-ban d'or de la même époque. Poids 1 *mon-me* 2 *fun* (4 gr. 507 mill.) (fig. 58).

Sa-zi-iți bu ban d'or de la même époque. Poids 1 *mon-me* 2 *fun* (4 gr. 507 mill.) (fig. 59, 60).

Oho-ban d'or de *kyau-hô* (1716-1735). Poids 44 *mon-me* (165 gr. 280 mill.) (fig. 61).

La 10e année de *kyau-hô* (1725), on retira de la circulation les *oho-ban* de *ken-rokŭ* (1688-1703) pour les refondre du même titre que les *oho-ban* de *kei-țyau* (1596-1614), et ils prirent le nom de *sin-kin oho-ban;* ils circulent encore aujourd'hui.

Ko ban d'or de *ken-bun* (1736-1740). Poids 3 *mon-me* 5 *fun* (13 gr. 147 mill.) (fig. 70).

Le même que ci-dessus (fig. 71).

Le 12e jour du 5e mois de la 1re année de *ken-bun* (le 12 mai 1736), on fit une modification aux pièces d'or et d'argent en les frappant du caractère *bun* (littérature). On les appelle *bun-zi-kin* (pièces du caractère *bun*).

Iti bu ban d'or de *ken-bun* (1736-1740). Poids 8 *fun* 7 *rin* 5 *mo* (3 gr. 286 mill.) (fig. 72, fig. 73).

Ni bu ban d'or de *bun-seï* (1818). Poids 1 *mon-me* 5 *fun* 5 *rin* (5 gr. 802 mill.) (fig. 74, fig. 75).

La 1re année de *bun-seï* (1818), on fabriqua, pour la première fois, des *sin-zi-ni bu ban* d'or qui furent remplacés, la 12e année de *bun seï* (1829), par des *sô zi-ni bu ban* d'or qui furent ensuite retirés de la circulation la 11e année de *ten-bô*.

Ko-ban d'or de *bun-seï* (1818). Poids 3 *mon-me* 5 *fun* (13 gr. 147 mill.) (fig. 76).

Cette pièce fut fondue la 2ᵉ année de *bun-seï* (1819) et retirée de la circulation la 8ᵉ année de *ten-bô*.

Is-syu ban d'or de *bun-seï* (1818). Poids 2 *fun* 9 *rin* (1 gr. 089 mill.) (fig. 77).

Ces pièces furent fabriquées, pour la première fois, le 5ᵉ mois de la 7ᵉ année de *bun-seï* (mai 1824) et retirées de la circulation le 10ᵉ mois de la 11ᵉ année de *ten-bô*.

Go ryô ban d'or de *ten-bô*. Poids 9 *mon-me* (33 gr. 807 mill.) (fig. 78).

Cette pièce a été fabriquée la 8ᵉ année de *ten-bô* (1837) et retirée de la circulation le 7ᵉ mois de la 7ᵉ année de *ka-ye* (juillet 1854).

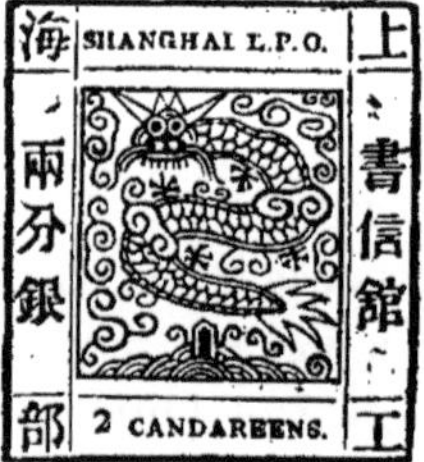

Paris. — Imprimerie de madame veuve Bouchard-Huzard, rue de l'Éperon, 5.

1

JAPON

MONNAIES D'OR

1 R.

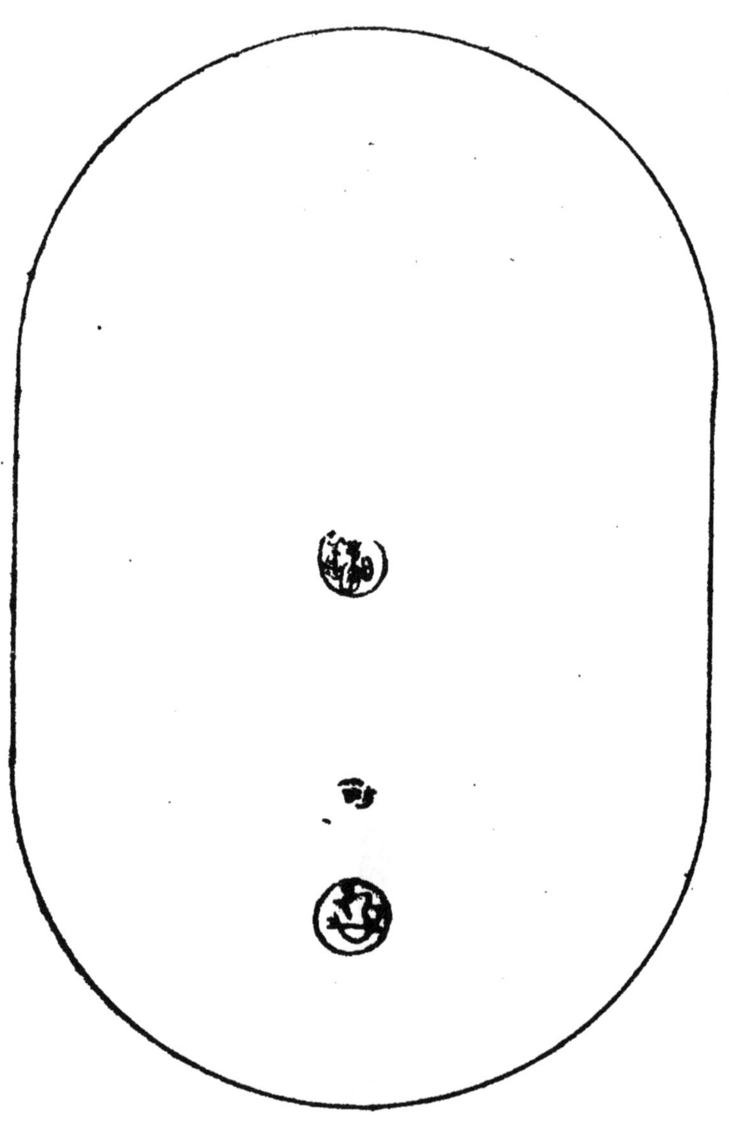

JAPON

MONNAIES D'OR

JAPON

MONNAIES D'OR.

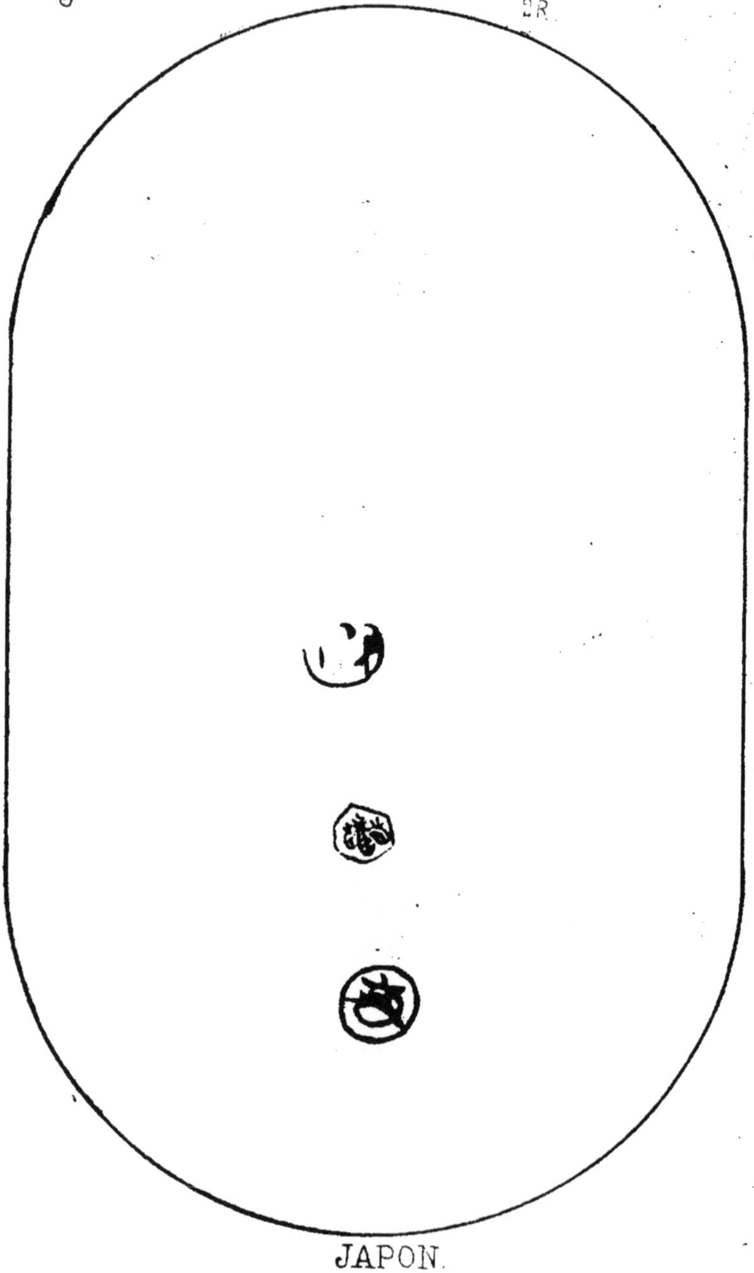

2R

JAPON.

MONNAIES D'OR

3

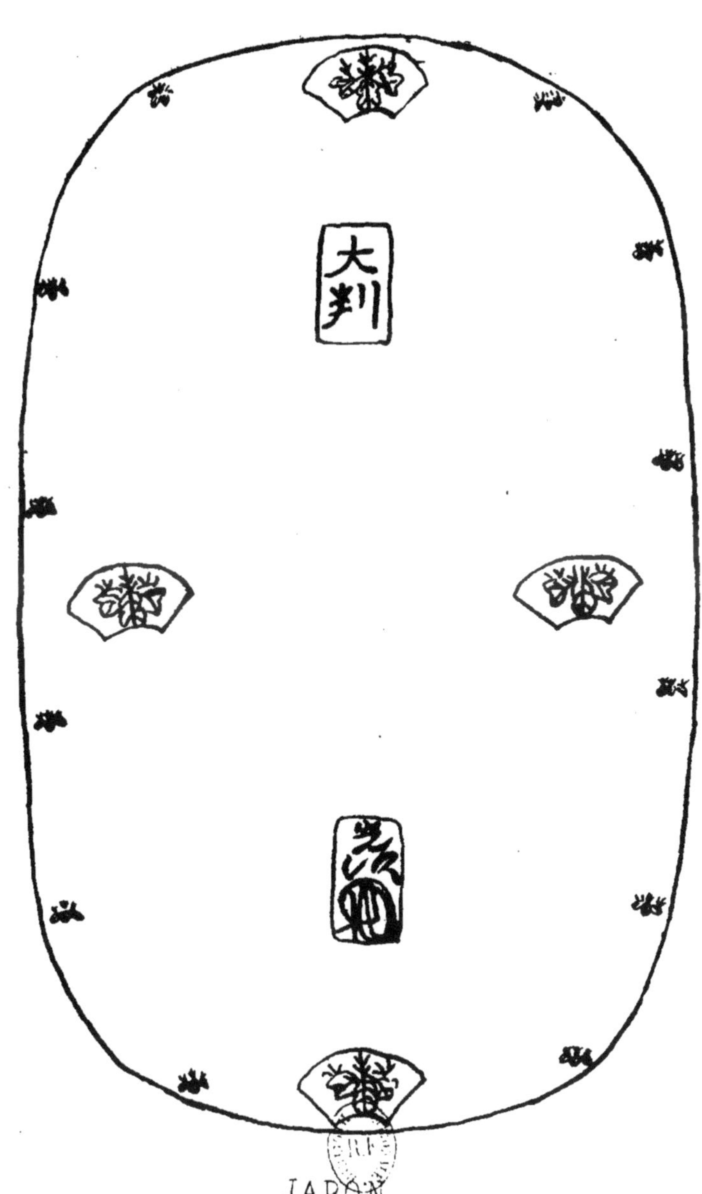

JAPON

MONNAIES D'OR

3R

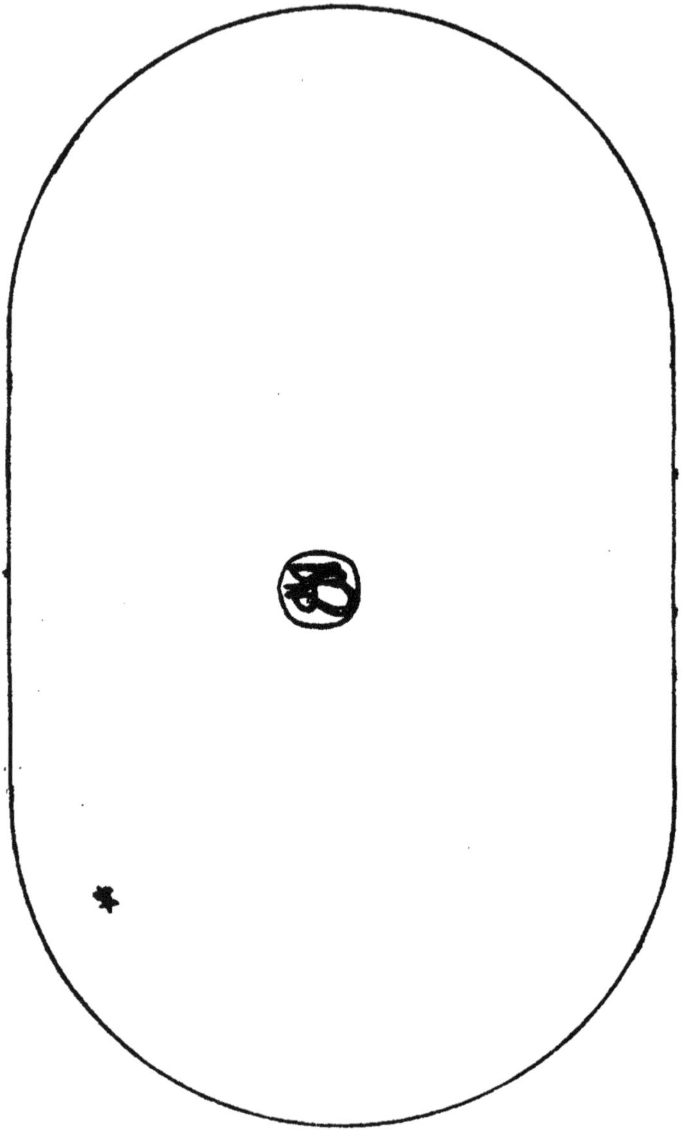

JAPON

MONNAIES D'OR

Congrès International des Orientalistes 1873 _ Pl. 15

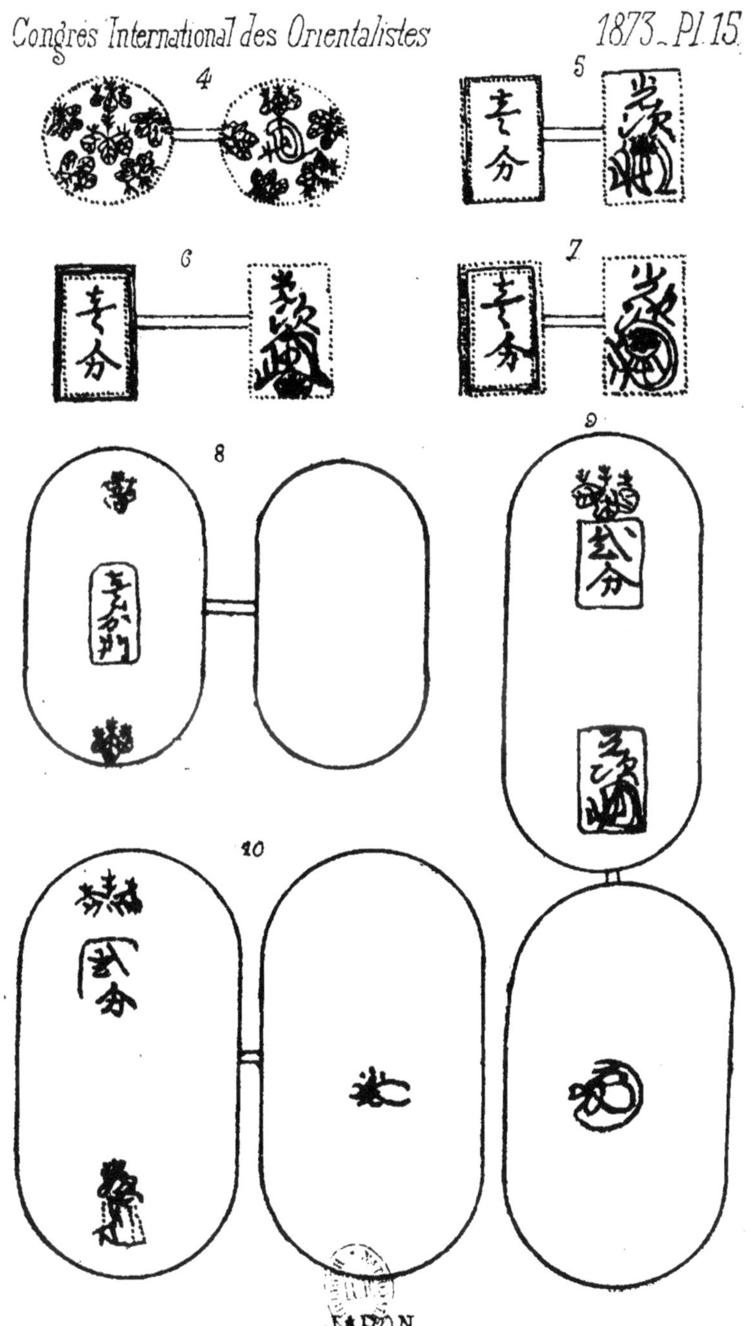

JAPON

MONNAIES D'OR

11

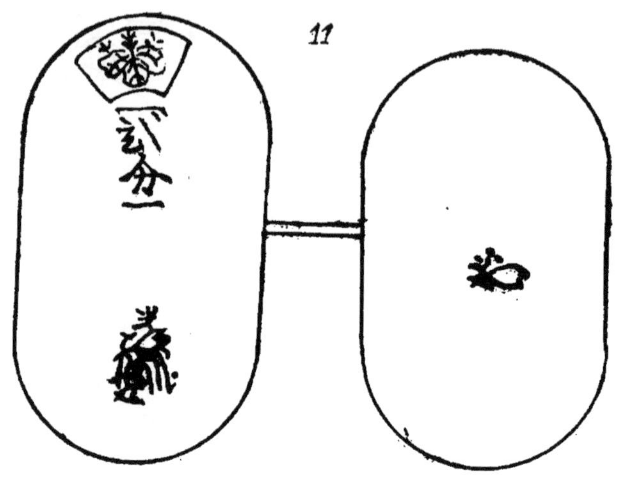

12

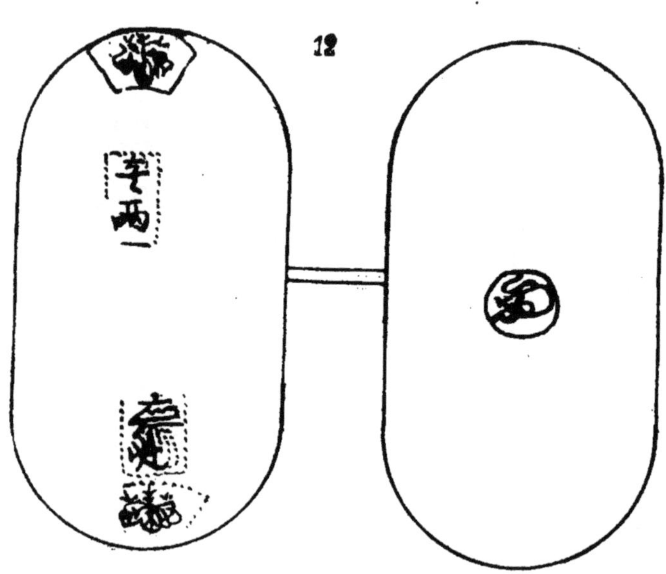

JAPON

MONNAIES D'OR

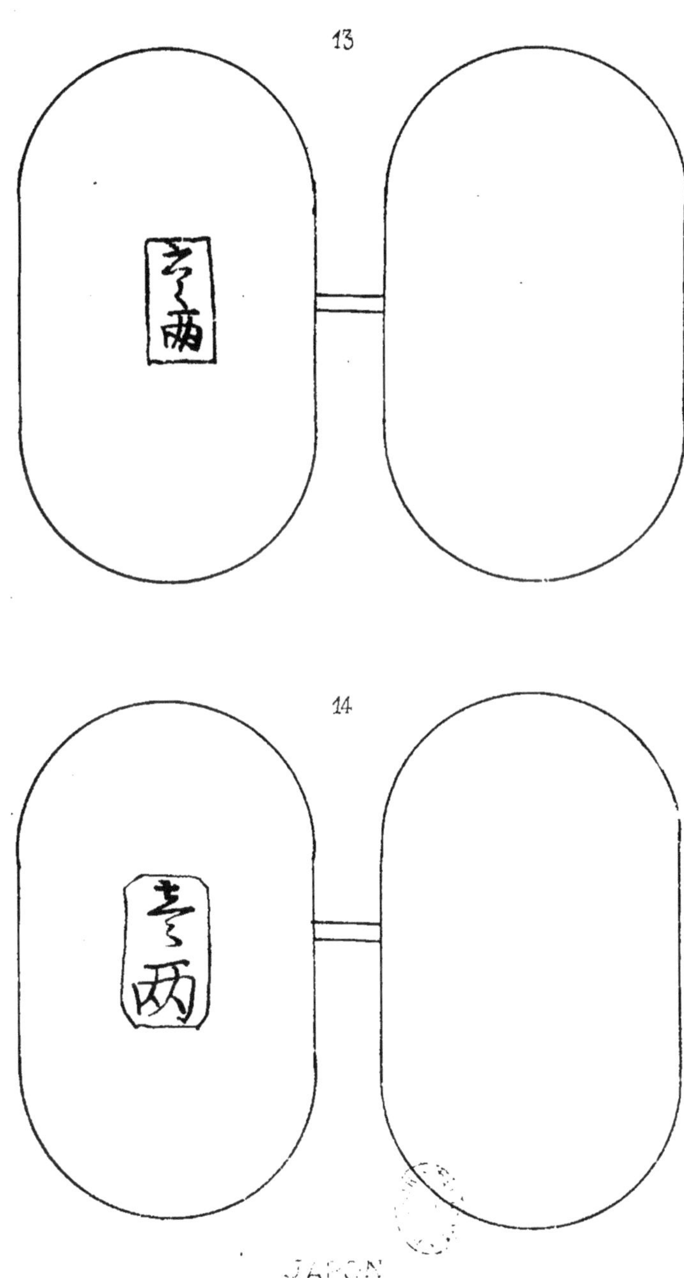

JAPON

MONNAIES D'OR

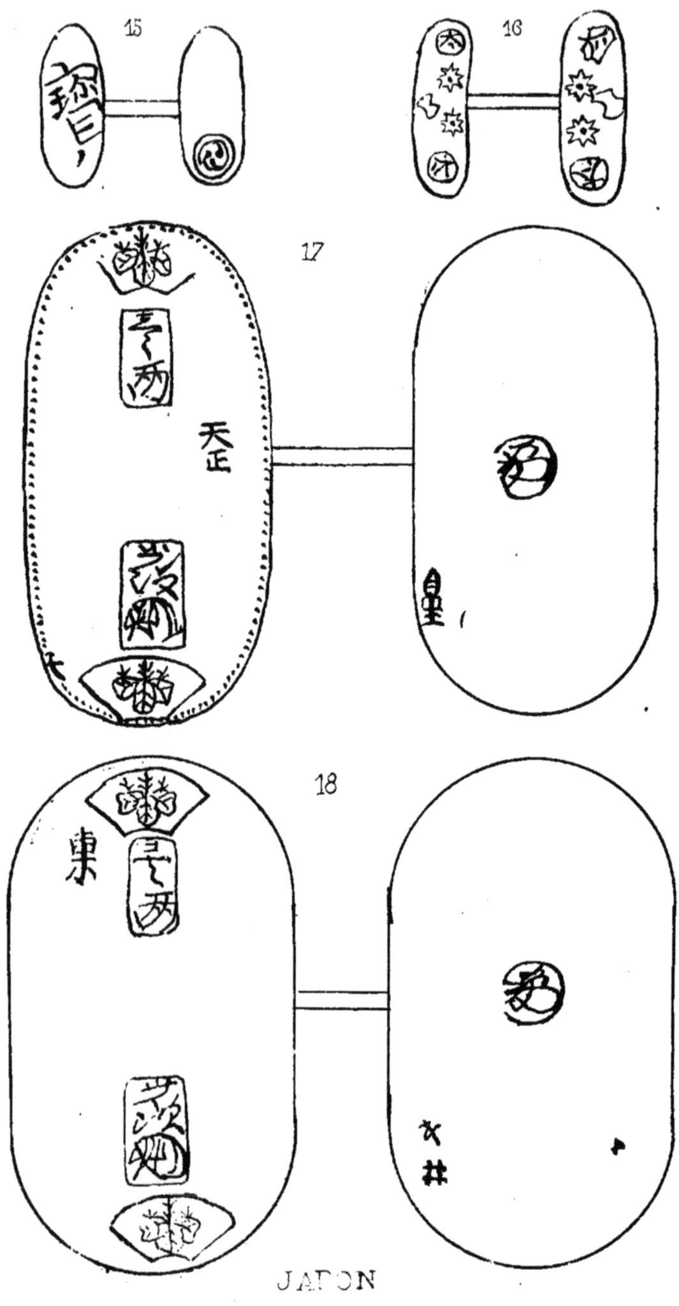

JAPON

MONNAIES D'OR

19

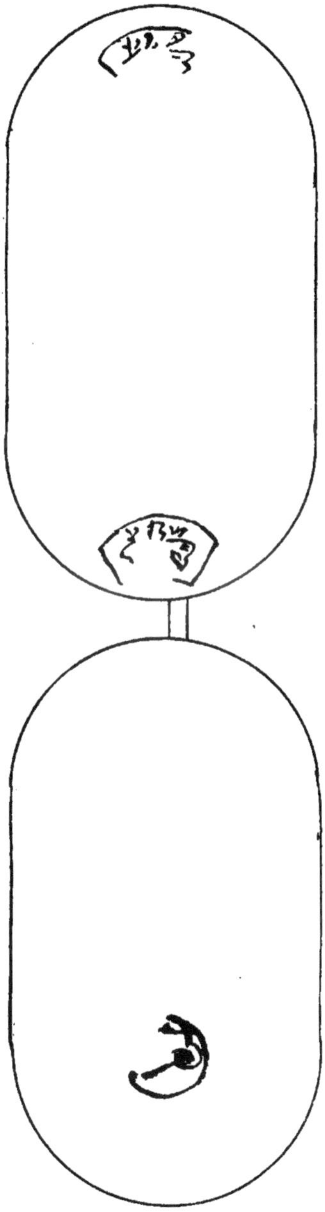

20

JAPON

MONNAIES D'OR

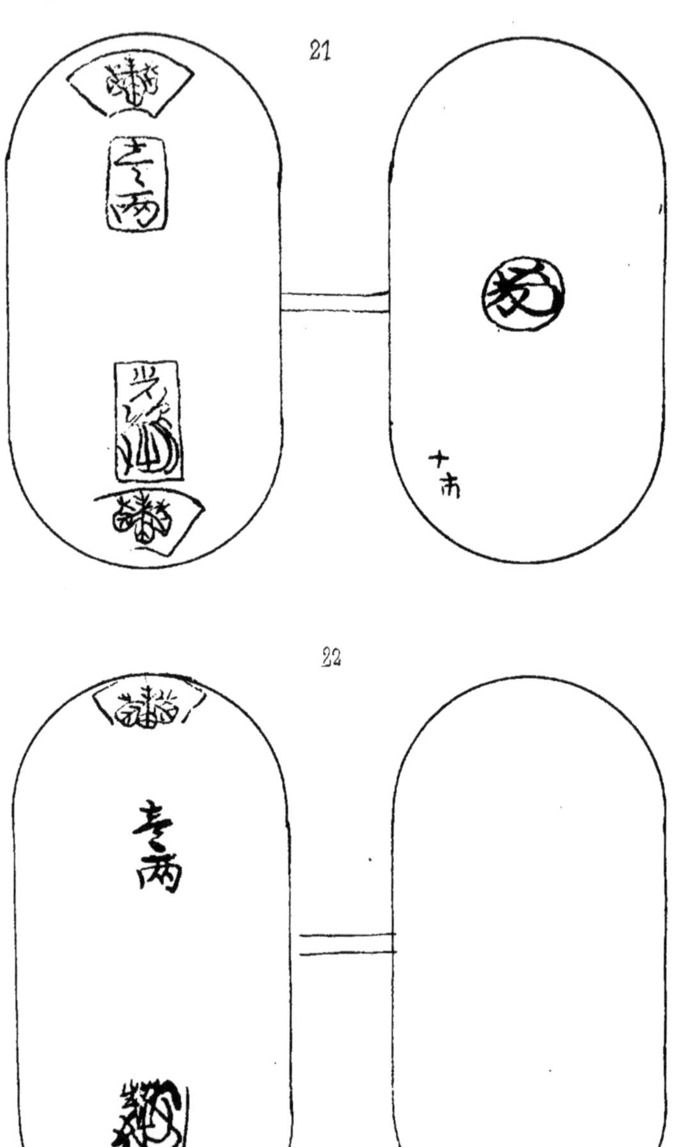

JAPON

MONNAIES D'OR.

23

JAPON

MONNAIES D'OR

23 R.

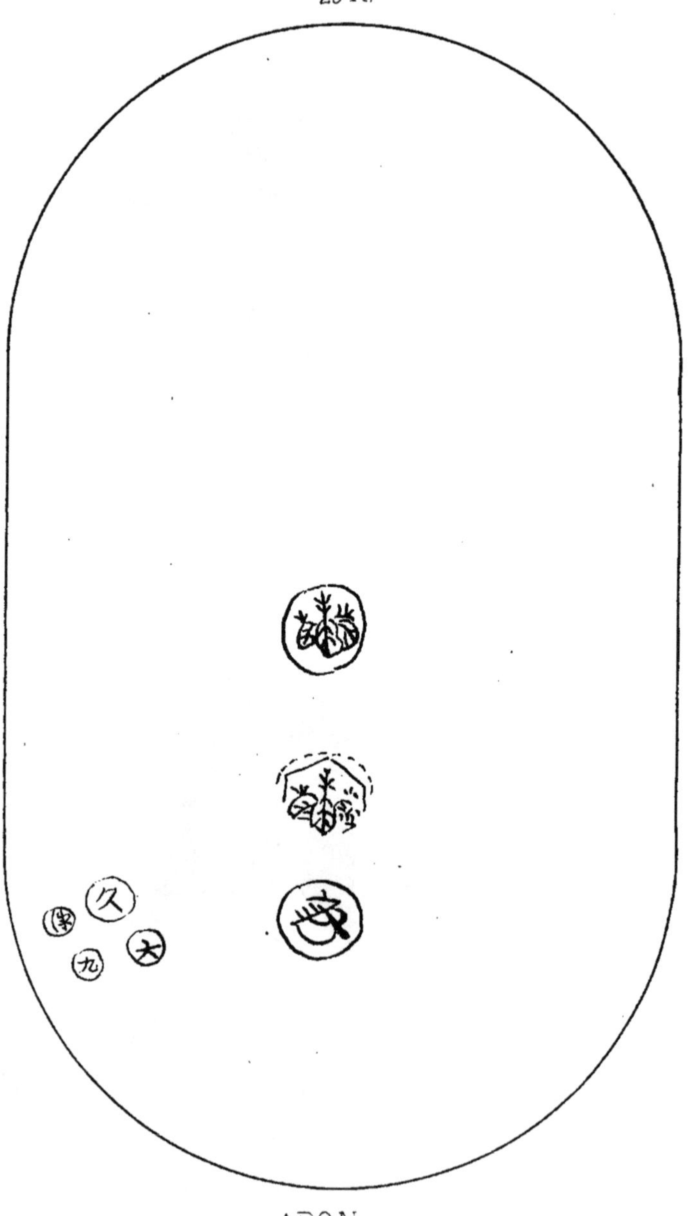

JAPON.

MONNAIES D'OR

24

JAPON

MONNAIES D'OR

24 R.

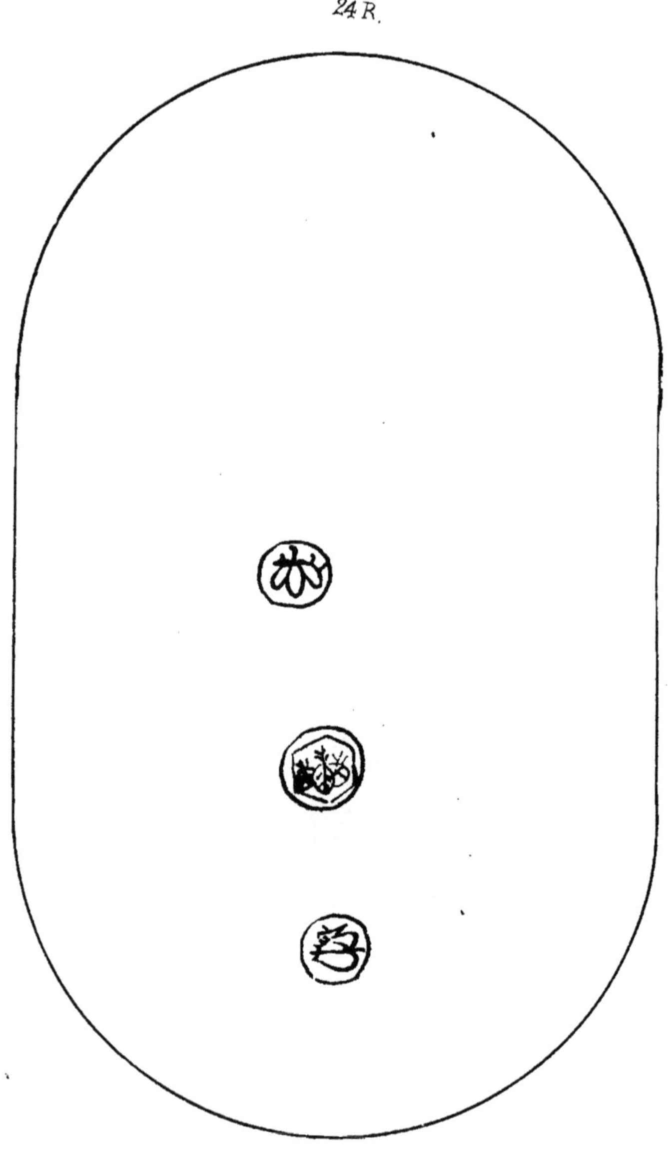

JAPON.

MONNAIES D'OR

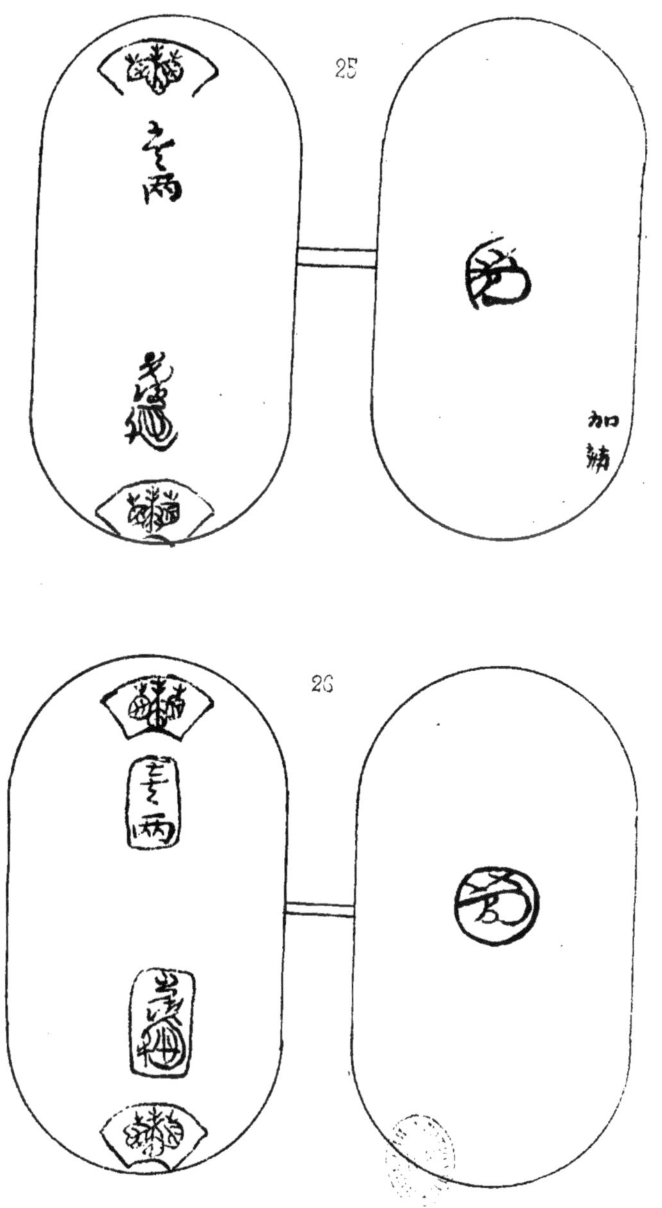

JAPON

MONNAIES D'OR

27

28

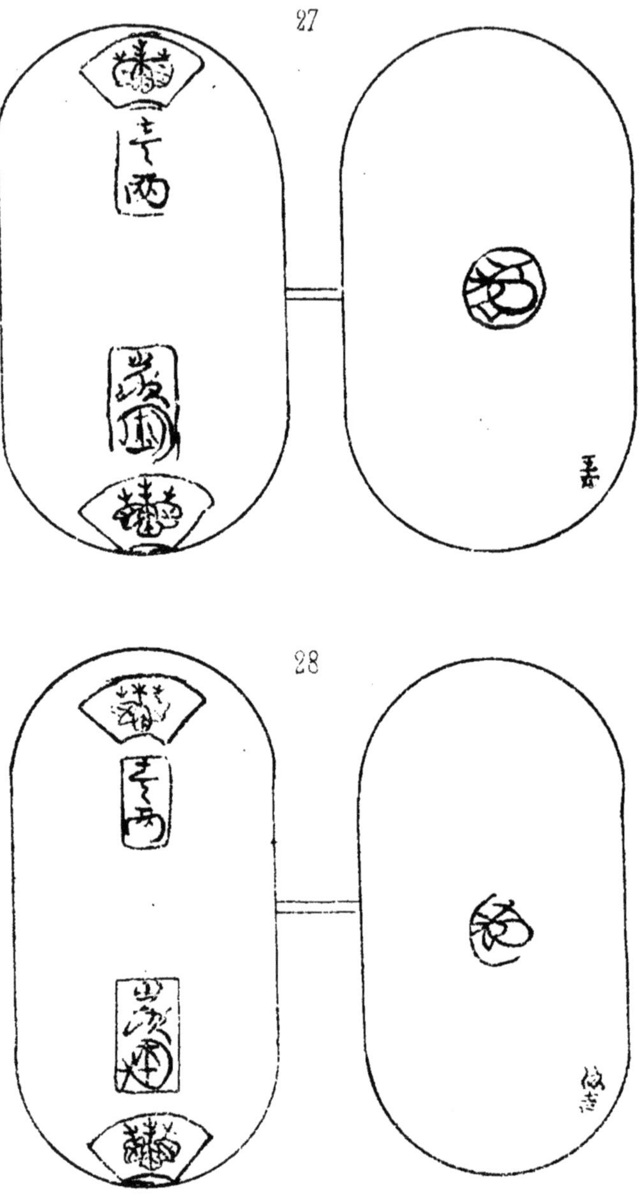

JAPON.

MONNAIES D'OR

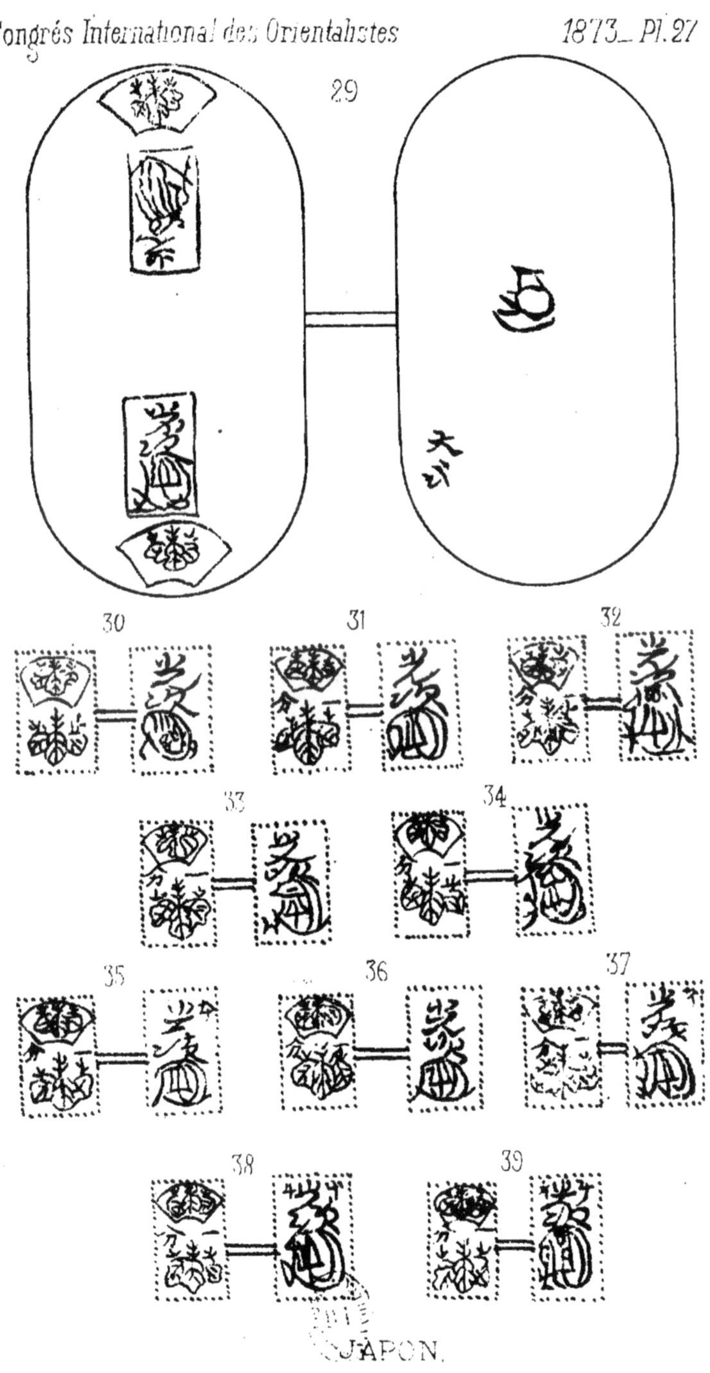

JAPON.

MONNAIES D'OR

40

JAPON.

MONNAIES D'OR

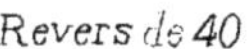

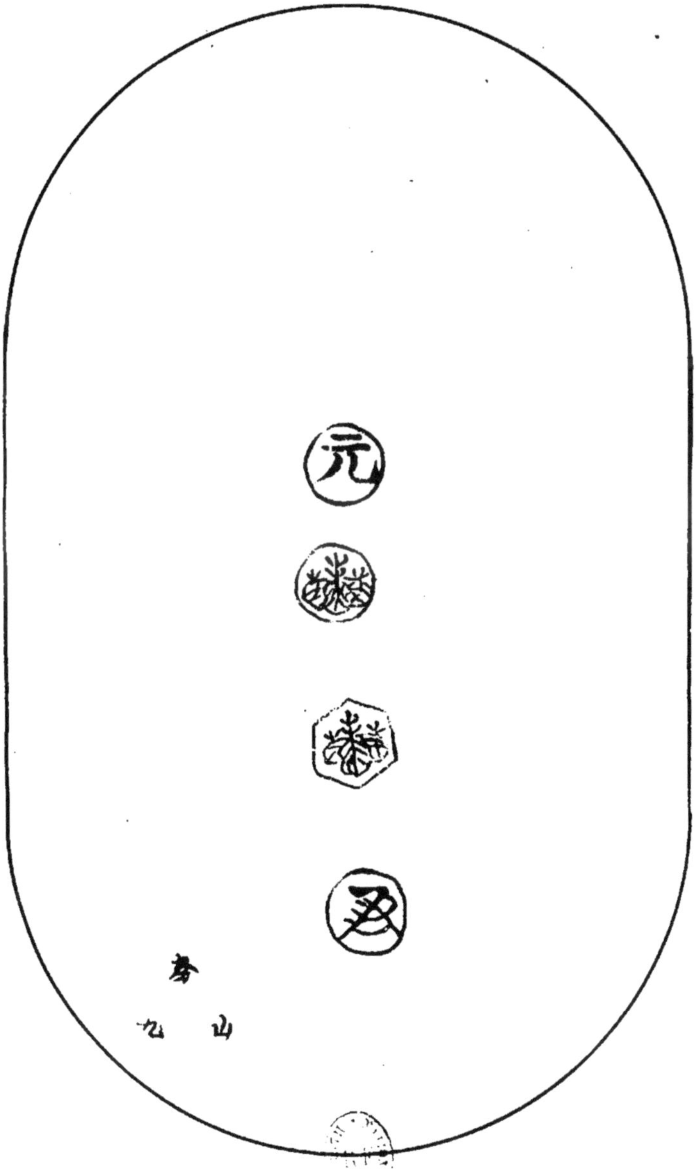

JAPON.

MONNAIES D'OR

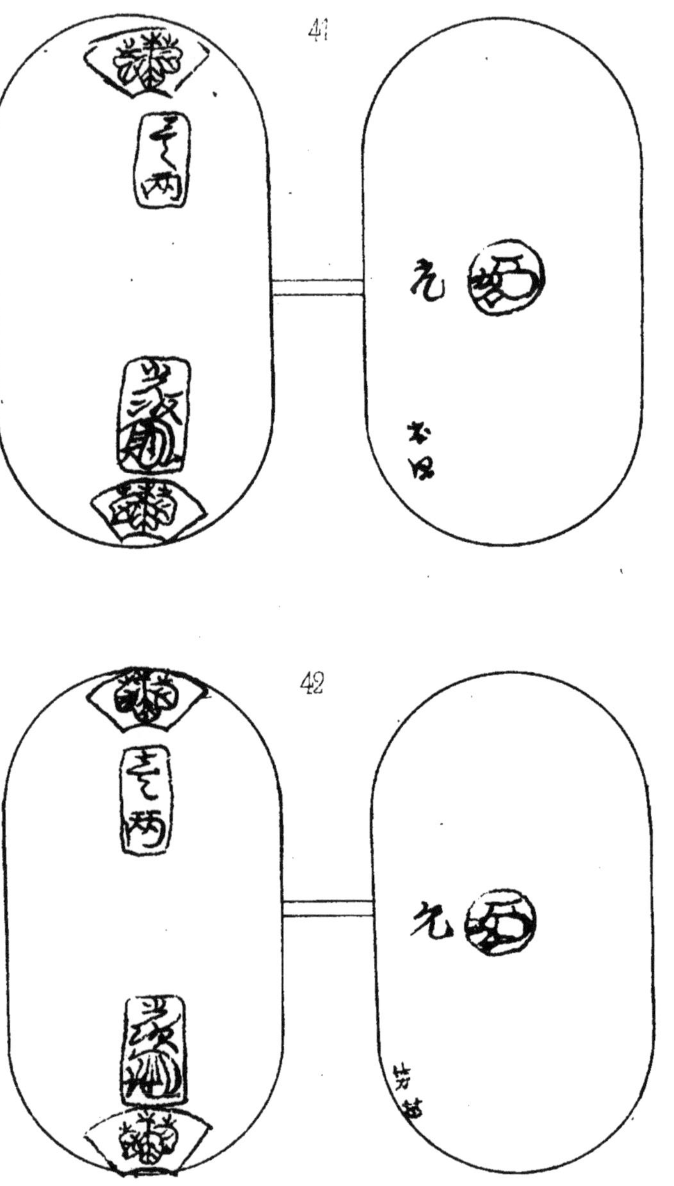

JAPON.

MONNAIES D'OR

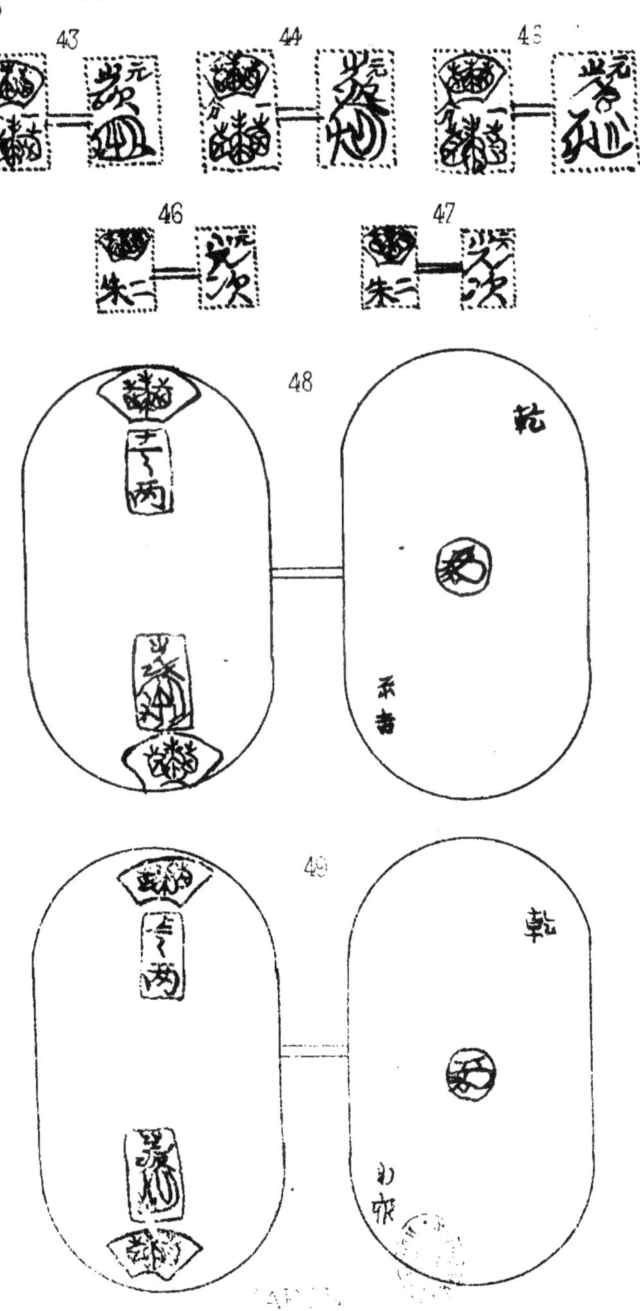

MONNAIES D'OR

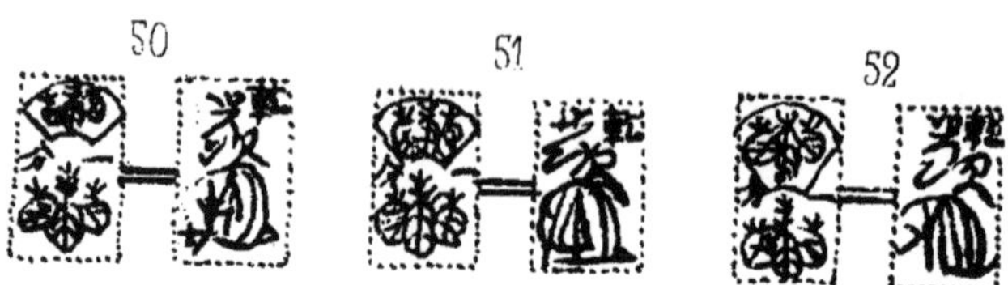

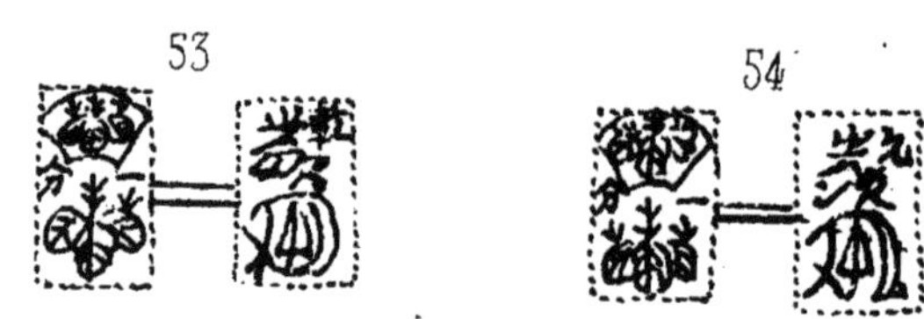

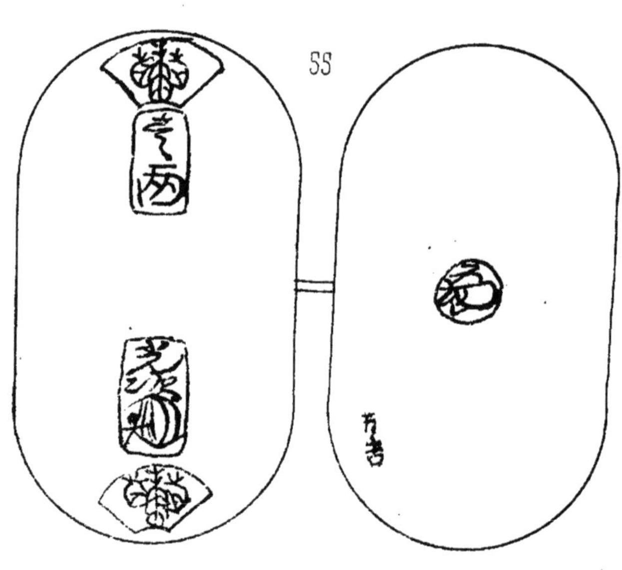

JAPON.

MONNAIES D'OR

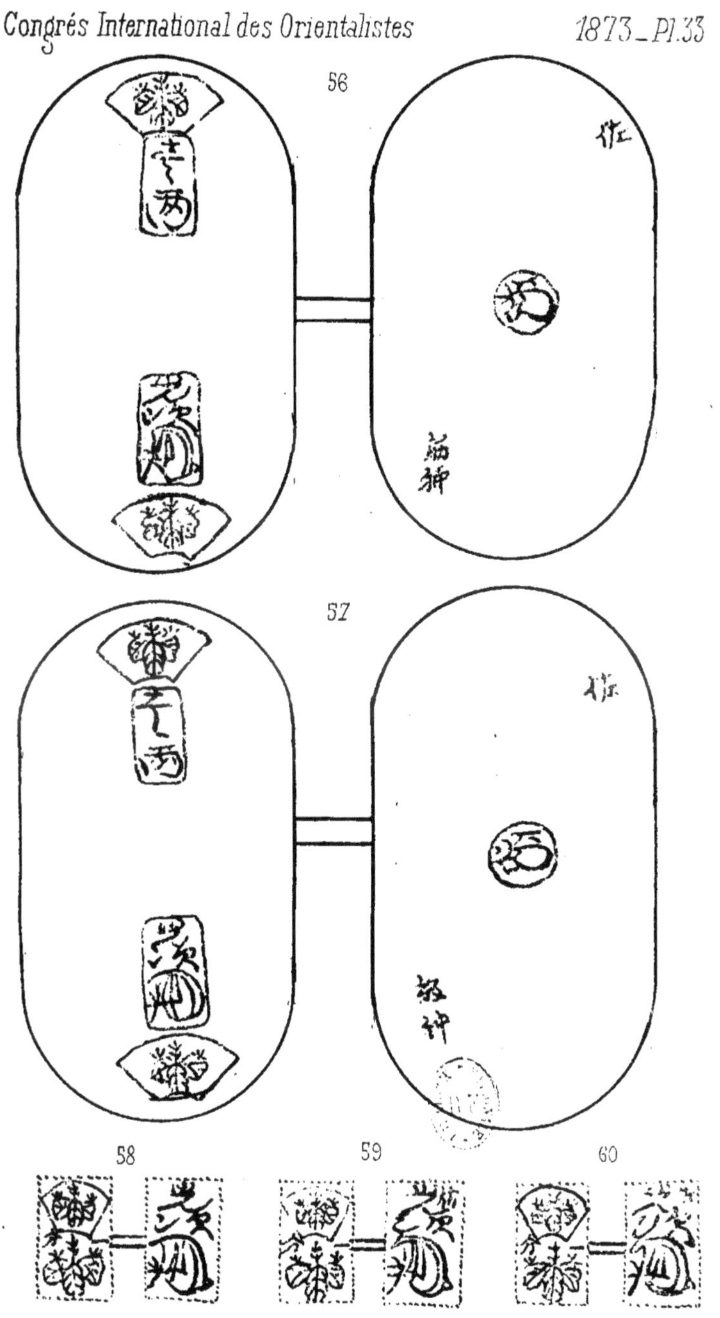

JAPON.

MONNAIES D'OR.

JAPON.

MONNAIES D'OR

Revers de 61

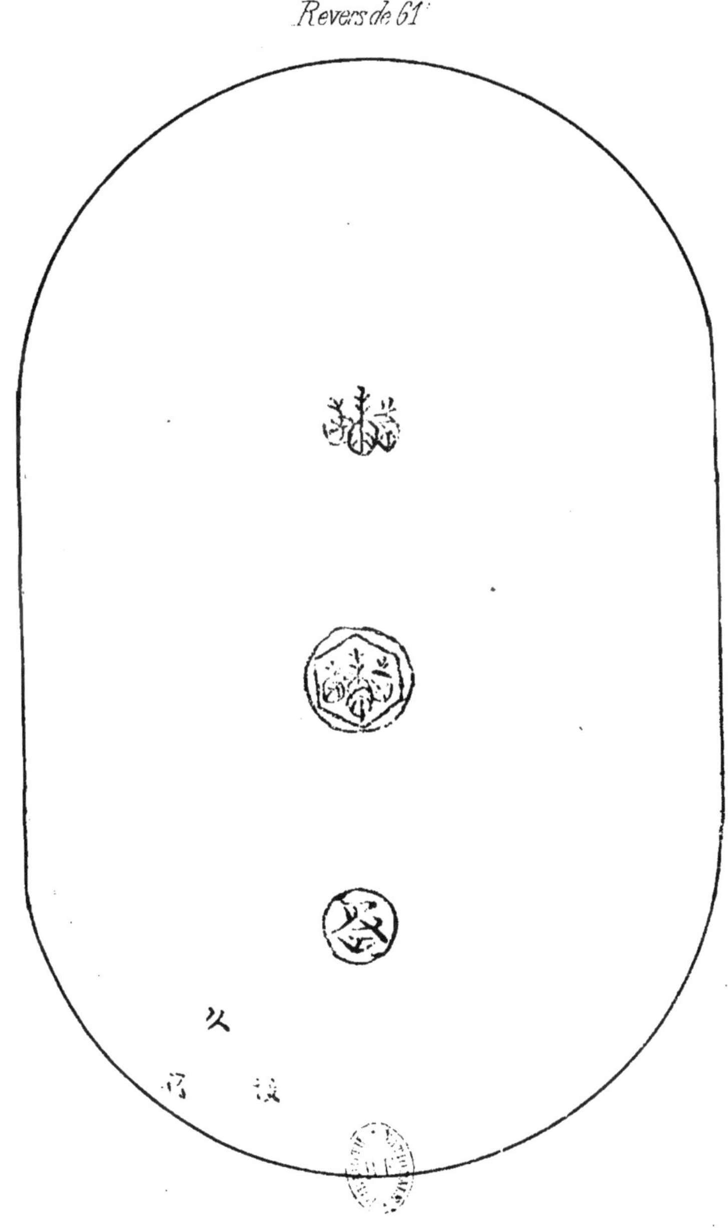

JAPON

MONNAIES D'OR

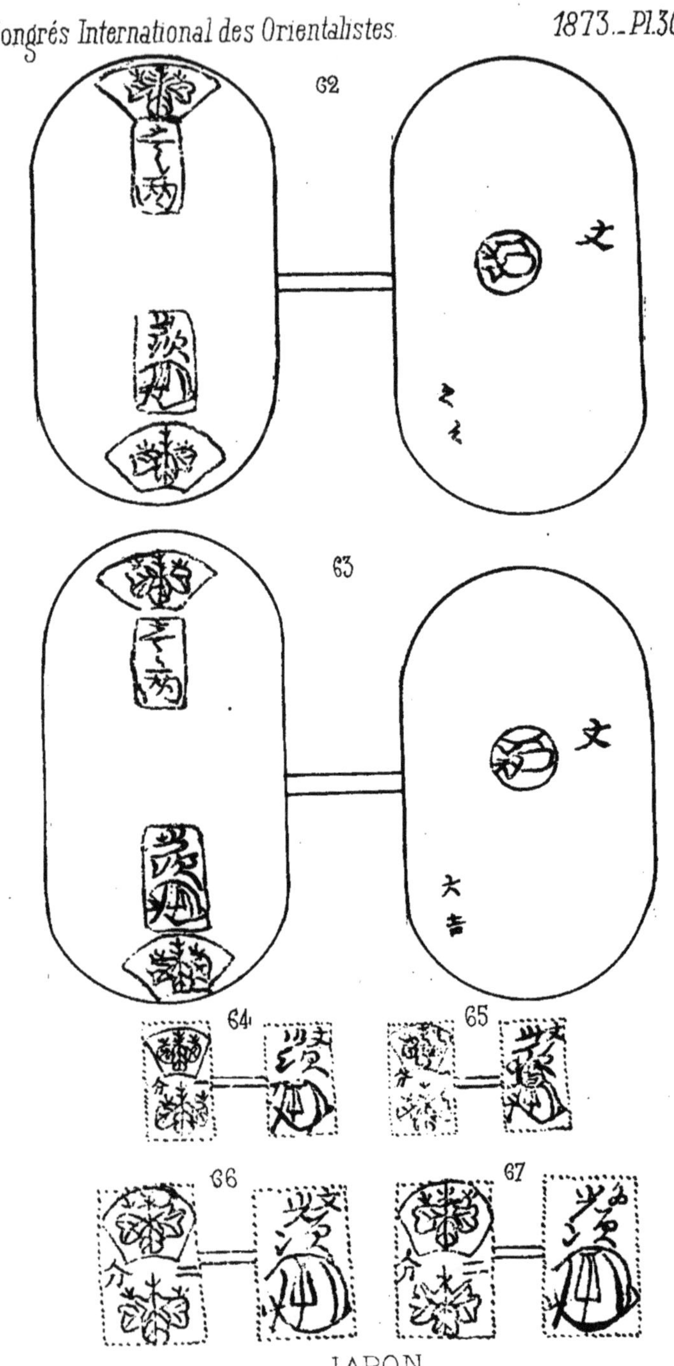

JAPON.

MONNAIES D'OR.

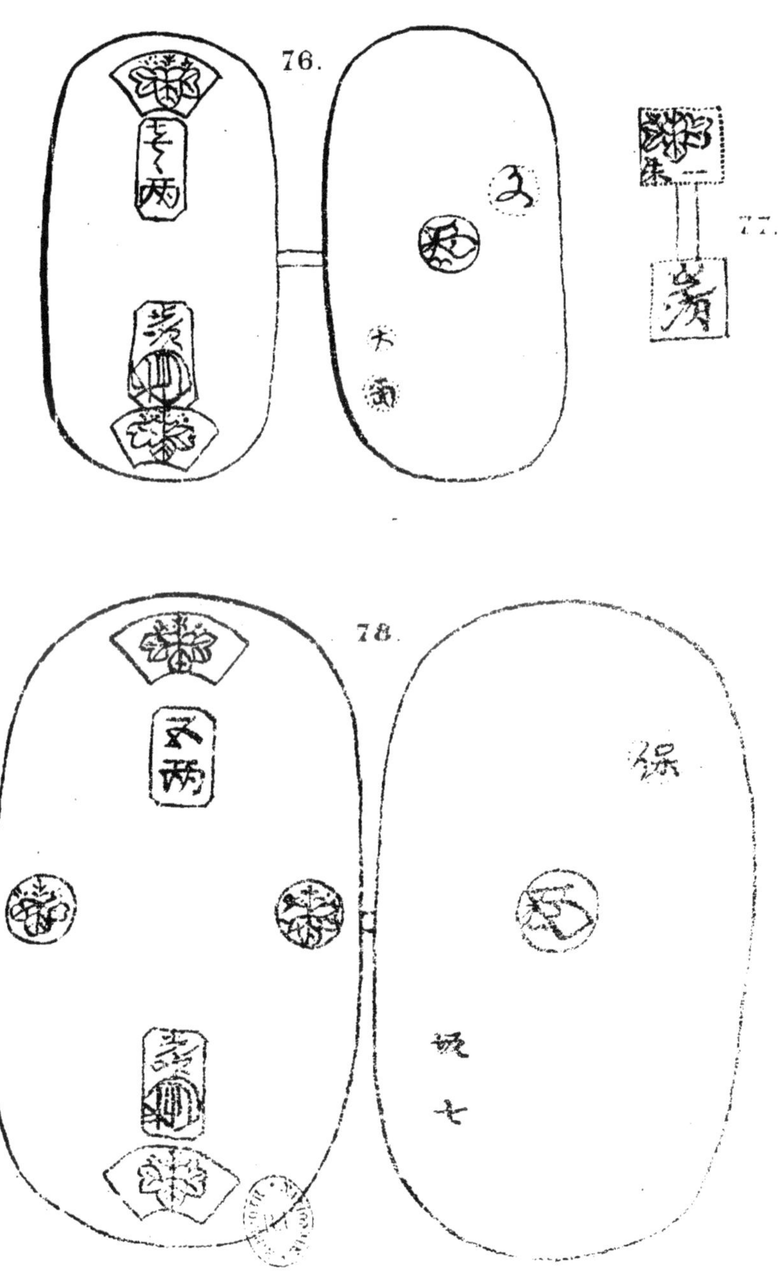

JAPON

MONNAIES D'OR

ERRATA

Page 15,	ligne 21,	*au lieu de*	fig. 70,	*lisez* 62
— 15,	— 22,	—	fig. 71,	— 63
— 15,	— 28,	—	fig. 72, 73,	— 64, 65
— 15,	— 30,	—	fig. 74, 75,	— 66, 67
— 16,	— 3,	—	fig. 76,	— 68
— 16,	— 7,	—	fig. 77,	— 69
— 16,	— 12,	—	fig. 78.	— 70

TRAVAUX DE FRANÇOIS SARAZIN

Histoire de l'Impératrice Zin-Gou, quinzième mikado ou souverain du Japon (201 à 269 de notre ère) Traduite du japonais. — *Paris*, 1872.

Quelques dictons et proverbes japonais, traduits en français. — *Paris*, 1873.

EN PRÉPARATION :

山海名さん圖會 *San-kai mei-san dŭ-ye*

Traité des principaux produits des montagnes et des mers, composé par Kimura Kôkyau, traduit pour la première fois du japonais sur le texte original. — 1 vol. in-8, orné de planches.

Table des phonétiques sinico-japonaises, comprenant environ 1800 caractères rangés dans le double ordre des *clefs* et du *katakana*.

TRAVAUX INÉDITS ET PRÊTS A L'IMPRESSION :

Dictionnaire de huit mille signes idéographiques, rangés d'après leur prononciation sinico-japonaise dans l'ordre du *katakana*, avec les numéros de renvoi au Dictionnaire par clefs de M. de Rosny (47 *cahiers*).

Vocabulaire étymologique japonais-français basé sur un nouveau système de comparaison philologique (47 *cahiers*).

Traduction française annotée du Dictionnaire japonais-russe de Gochkévitch, faite avec le concours de M. N. Vérétennikov, et composition d'un *Index clavique* des *caractères chinois* carrés et cursifs contenus dans cet ouvrage.

Dictionnaire français-japonais composé des mots recueillis au cours de M. de Rosny, extraits de la traduction de Gochkévitch, etc. (*en cartes, au nombre de* 100,000).

Index, par les numéros des clefs, des *expressions doubles* contenues dans le *Recueil de textes japonais* de M. de Rosny (*en cartes*).

Index, dans l'ordre du *katakaña*, des mots du Dictionnaire japonais-anglais d'Hepburn (1re édition), pour faciliter la recherche des mots japonais qui sont classés dans ce Dictionnaire d'après l'alphabet et une orthographe particulière qui en rendent l'usage difficile.

Index général de tous les mots composés d'environ *vingt ouvrages* différents, fait à l'aide du Dictionnaire de M. de Rosny interfolié.

Paris. — Imprimerie de Mme Ve Bouchard-Huzard, rue de l'Éperon, 5.

www.ingramcontent.com/pod-product-compliance
Ingram Content Group UK Ltd.
Pitfield, Milton Keynes, MK11 3LW, UK
UKHW020444180726
13839UKWH00004B/1610